中华人民共和国
森 林 法

中国法制出版社

目　　录

中华人民共和国主席令

第三十九号

《中华人民共和国森林法》已由中华人民共和国第十三届全国人民代表大会常务委员会第十五次会议于2019年12月28日修订通过，现予公布，自2020年7月1日起施行。

中华人民共和国主席　习近平

2019年12月28日

中华人民共和国森林法

（1984年9月20日第六届全国人民代表大会常务委员会第七次会议通过　根据1998年4月29日第九届全国人民代表大会常务委员会第二次会议《关于修改〈中华人民共和国森林法〉的决定》第一次修正　根据2009年8月27日第十一届全国人民代表大会常务委员会第十次会议《关于修改部分法律的决定》第二次修正　2019年12月28日第十三届全国人民代表大会常务委员会第十五次会议修订）

目　录

第一章　总　　则

第一条　为了践行绿水青山就是金山银山理念，保护、培育和合理利用森林资源，加快国土绿化，保障森林生态安全，建设生态文明，实现人与自然和谐共生，制定本法。

第二条　在中华人民共和国领域内从事森林、林木的保护、培育、利用和森林、林木、林地的经营管理活动，适用本法。

第三条　保护、培育、利用森林资源应当尊重自然、顺应自然，坚持生态优先、保护优先、保育结合、可持续发展的原则。

第四条 国家实行森林资源保护发展目标责任制和考核评价制度。上级人民政府对下级人民政府完成森林资源保护发展目标和森林防火、重大林业有害生物防治工作的情况进行考核，并公开考核结果。

地方人民政府可以根据本行政区域森林资源保护发展的需要，建立林长制。

第五条 国家采取财政、税收、金融等方面的措施，支持森林资源保护发展。各级人民政府应当保障森林生态保护修复的投入，促进林业发展。

第六条 国家以培育稳定、健康、优质、高效的森林生态系统为目标，对公益林和商品林实行分类经营管理，突出主导功能，发挥多种功能，实现森林资源永续利用。

第七条 国家建立森林生态效益补偿制度，加大公益林保护支持力度，完善重点生态功能区转移支付政策，指导受益地区和森林生态保护地区人民政府通过协商等方式进行生态效益补偿。

第八条 国务院和省、自治区、直辖市人民政府可以依照国家对民族自治地方自治权的规定，对民族自治地方的森林保护和林业发展实行更加优惠的政策。

第九条 国务院林业主管部门主管全国林业工作。县级以上地方人民政府林业主管部门，主管本行政区域的林业工作。

乡镇人民政府可以确定相关机构或者设置专职、兼职人员承担林业相关工作。

第十条 植树造林、保护森林，是公民应尽的义务。各级人民政府应当组织开展全民义务植树活动。

每年三月十二日为植树节。

第十一条 国家采取措施，鼓励和支持林业科学研究，推广先进适用的林业技术，提高林业科学技术水平。

第十二条 各级人民政府应当加强森林资源保护的宣传教育和知识普及工作，鼓励和支持基层群众性自治组织、新闻媒体、林业企业事业单位、志愿者等开展森林资源保护宣传活动。

教育行政部门、学校应当对学生进行森林资源保护教育。

第十三条 对在造林绿化、森林保护、森林经营管理以及林业科学研究等方面成绩显著的组织或者个人，按照国家有关规定给予表彰、奖励。

第二章 森林权属

第十四条 森林资源属于国家所有，由法律规定属于集体所有的除外。

国家所有的森林资源的所有权由国务院代表国家行使。国务院可以授权国务院自然资源主管部门统一履行国有森林资源所有者职责。

第十五条 林地和林地上的森林、林木的所有权、使用权，由不动产登记机构统一登记造册，核发证书。国务院确定的国家重点林区（以下简称重点林区）的森林、林木和林地，由国务院自然资源主管部门负责登记。

森林、林木、林地的所有者和使用者的合法权益受法律保护，任何组织和个人不得侵犯。

森林、林木、林地的所有者和使用者应当依法保护和合理利用森林、林木、林地，不得非法改变林地用途和毁坏森林、林木、林地。

第十六条 国家所有的林地和林地上的森林、林木可以依法确定给林业经营者使用。林业经营者依法取得的国有林地和林地上的森林、林木的使用权，经批准可以转让、出租、作价出资等。具体办法由国务院制定。

林业经营者应当履行保护、培育森林资源的义务，保证国有森林资源稳定增长，提高森林生态功能。

第十七条 集体所有和国家所有依法由农民集体使用的林地（以下简称集体林地）实行承包经营的，承包方享有林地承包经营权和承包林地上的林木所有权，合同另有约定的从其约定。承包方可以依法采取出租（转包）、入股、转让等方式流转林地经营权、林木所有权和使用权。

第十八条 未实行承包经营的集体林地以及林地上的林木，由农村集体经济组织统一经营。经本集体经济组织成员的村民会议三分之二以上成员或者三分之二以上村民代表同意并公示，可以通过招标、拍卖、公开协商等方式依法流转林地经营权、林木所有权和使用权。

第十九条 集体林地经营权流转应当签订书面合同。林地经营权流转合同一般包括流转双方的权利义务、流转期限、流转价款及支付方式、流转期限届满林地上的林木和固定生产设施的处置、违约责任等内容。

受让方违反法律规定或者合同约定造成森林、林木、林地严重毁坏的，发包方或者承包方有权收回林地经营权。

第二十条 国有企业事业单位、机关、团体、部队营造的林木，由营造单位管护并按照国家规定支配林木收益。

农村居民在房前屋后、自留地、自留山种植的林木，归个人所有。城镇居民在自有房屋的庭院内种植的林木，归个人所有。

集体或者个人承包国家所有和集体所有的宜林荒山荒地荒滩营造的林木，归承包的集体或者个人所有；合同另有约定的从其约定。

其他组织或者个人营造的林木，依法由营造者所有并享有林木收益；合同另有约定的从其约定。

第二十一条 为了生态保护、基础设施建设等公共利益的需要，确需征收、征用林地、林木的，应当依照《中华人民共和国土地管理法》等法律、行政法规的规定办理审批手续，并给予公平、合理的补偿。

第二十二条 单位之间发生的林木、林地所有权和使用权争议，由县级以上人民政府依法处理。

个人之间、个人与单位之间发生的林木所有权和林地使用权争议，由乡镇人民政府或者县级以上人民政府依法处理。

当事人对有关人民政府的处理决定不服的，可以自接到处理决定通知之日起三十日内，向人民法院起诉。

在林木、林地权属争议解决前，除因森林防火、林业有害生物防治、国家重大基础设施建设等需要外，当事人任何一方不得砍伐有争议的林木或者改变林地现状。

第三章　发展规划

第二十三条　县级以上人民政府应当将森林资源保护和林业发展纳入国民经济和社会发展规划。

第二十四条　县级以上人民政府应当落实国土空间开发保护要求，合理规划森林资源保护利用结构和布局，制定森林资源保护发展目标，提高森林覆盖率、森林蓄积量，提升森林生态系统质量和稳定性。

第二十五条　县级以上人民政府林业主管部门应当根据森林资源保护发展目标，编制林业发展规划。下级林业发展规划依据上级林业发展规划编制。

第二十六条　县级以上人民政府林业主管部门可以结合本地实际，编制林地保护利用、造林绿化、森林经营、天然林保护等相关专项规划。

第二十七条　国家建立森林资源调查监测制度，对全国森林资源现状及变化情况进行调查、监测和评价，并定期公布。

第四章　森林保护

第二十八条　国家加强森林资源保护，发挥森林蓄水保土、调节气候、改善环境、维护生物多样性和提供林产品等多种功能。

第二十九条　中央和地方财政分别安排资金，用于公益林的营造、抚育、保护、管理和非国有公益林权利人的经济补偿等，实行专款专用。具体办法由国务院财政部门会同林业主管部门制定。

第三十条　国家支持重点林区的转型发展和森林资源保护修复，改善生产生活条件，促进所在地区经济社会发展。重点林区按照规定享受国家重点生态功能区转移支付等政策。

第三十一条　国家在不同自然地带的典型森林生态地区、珍贵动物和植物生长繁殖的林区、天然热带雨林区和具有特殊保护价值的其他天然林区，建立以国家公园为主体的自然保护地体系，加强保护管理。

国家支持生态脆弱地区森林资源的保护修复。

县级以上人民政府应当采取措施对具有特殊价值的野生植物资源予以保护。

第三十二条 国家实行天然林全面保护制度，严格限制天然林采伐，加强天然林管护能力建设，保护和修复天然林资源，逐步提高天然林生态功能。具体办法由国务院规定。

第三十三条 地方各级人民政府应当组织有关部门建立护林组织，负责护林工作；根据实际需要建设护林设施，加强森林资源保护；督促相关组织订立护林公约、组织群众护林、划定护林责任区、配备专职或者兼职护林员。

县级或者乡镇人民政府可以聘用护林员，其主要职责是巡护森林，发现火情、林业有害生物以及破坏森林资源的行为，应当及时处理并向当地林业等有关部门报告。

第三十四条 地方各级人民政府负责本行政区域的森林防火工作，发挥群防作用；县级以上人民政府组织领导应急管理、林业、公安等部门按照职责分工密切配合做好森林火灾的科学预防、扑救和处置工作：

（一）组织开展森林防火宣传活动，普及森林防火知识；

（二）划定森林防火区，规定森林防火期；

（三）设置防火设施，配备防灭火装备和物资；

（四）建立森林火灾监测预警体系，及时消除隐患；

（五）制定森林火灾应急预案，发生森林火灾，立即组织扑救；

（六）保障预防和扑救森林火灾所需费用。

国家综合性消防救援队伍承担国家规定的森林火灾扑救任务和预防相关工作。

第三十五条 县级以上人民政府林业主管部门负责本行政区域的林业有害生物的监测、检疫和防治。

省级以上人民政府林业主管部门负责确定林业植物及其产品的检疫性有害生物，划定疫区和保护区。

重大林业有害生物灾害防治实行地方人民政府负责制。发生暴发性、危险性等重大林业有害生物灾害时，当地人民政府应当及时组织除治。

林业经营者在政府支持引导下，对其经营管理范围内的林业有害生物进行防治。

第三十六条 国家保护林地，严格控制林地转为非林地，实行占用林地总量控制，确保林地保有量不减少。各类建设项目占用林地不得超过本行政区域的占用林地总量控制指标。

第三十七条 矿藏勘查、开采以及其他各类工程建设，应当不占或者少占林地；确需占用林地的，应当经县级以上人民政府林业主管部门审核同意，依法办理建设用地审批手续。

占用林地的单位应当缴纳森林植被恢复费。森林植被恢复费征收使用管理办法由国务院财政部门会同林业主管部门制定。

县级以上人民政府林业主管部门应当按照规定安排植树造林，恢复森林植被，植树造林面积不得少于因占用林地而减少的森林植被面积。上级林业主管部门应当定期督促下级林业主管部门组织植树造林、恢复森林植被，并进行检查。

第三十八条 需要临时使用林地的，应当经县级以上人民政府林业主管部门批准；临时使用林地的期限一般不超过二年，并不得在临时使用的林地上修建永久性建筑物。

临时使用林地期满后一年内，用地单位或者个人应当恢复植被和林业生产条件。

第三十九条 禁止毁林开垦、采石、采砂、采土以及其他毁坏林木和林地的行为。

禁止向林地排放重金属或者其他有毒有害物质含量超标的污水、污泥，以及可能造成林地污染的清淤底泥、尾矿、矿渣等。

禁止在幼林地砍柴、毁苗、放牧。

禁止擅自移动或者损坏森林保护标志。

第四十条 国家保护古树名木和珍贵树木。禁止破坏古树名木和珍贵树木及其生存的自然环境。

第四十一条 各级人民政府应当加强林业基础设施建设，应用先进适用的科技手段，提高森林防火、林业有害生物防治等森林管护能力。

各有关单位应当加强森林管护。国有林业企业事业单位应当加大投入，加强森林防火、林业有害生物防治，预防和制止破坏森林资源的行为。

第五章　造林绿化

第四十二条　国家统筹城乡造林绿化，开展大规模国土绿化行动，绿化美化城乡，推动森林城市建设，促进乡村振兴，建设美丽家园。

第四十三条　各级人民政府应当组织各行各业和城乡居民造林绿化。

宜林荒山荒地荒滩，属于国家所有的，由县级以上人民政府林业主管部门和其他有关主管部门组织开展造林绿化；属于集体所有的，由集体经济组织组织开展造林绿化。

城市规划区内、铁路公路两侧、江河两侧、湖泊水库周围，由各有关主管部门按照有关规定因地制宜组织开展造林绿化；工矿区、工业园区、机关、学校用地，部队营区以及农场、牧场、渔场经营地区，由各该单位负责造林绿化。组织开展城市造林绿化的具体办法由国务院制定。

国家所有和集体所有的宜林荒山荒地荒滩可以由

单位或者个人承包造林绿化。

第四十四条 国家鼓励公民通过植树造林、抚育管护、认建认养等方式参与造林绿化。

第四十五条 各级人民政府组织造林绿化，应当科学规划、因地制宜，优化林种、树种结构，鼓励使用乡土树种和林木良种、营造混交林，提高造林绿化质量。

国家投资或者以国家投资为主的造林绿化项目，应当按照国家规定使用林木良种。

第四十六条 各级人民政府应当采取以自然恢复为主、自然恢复和人工修复相结合的措施，科学保护修复森林生态系统。新造幼林地和其他应当封山育林的地方，由当地人民政府组织封山育林。

各级人民政府应当对国务院确定的坡耕地、严重沙化耕地、严重石漠化耕地、严重污染耕地等需要生态修复的耕地，有计划地组织实施退耕还林还草。

各级人民政府应当对自然因素等导致的荒废和受损山体、退化林地以及宜林荒山荒地荒滩，因地制宜实施森林生态修复工程，恢复植被。

第六章　经 营 管 理

第四十七条　国家根据生态保护的需要，将森林生态区位重要或者生态状况脆弱，以发挥生态效益为主要目的的林地和林地上的森林划定为公益林。未划定为公益林的林地和林地上的森林属于商品林。

第四十八条　公益林由国务院和省、自治区、直辖市人民政府划定并公布。

下列区域的林地和林地上的森林，应当划定为公益林：

（一）重要江河源头汇水区域；

（二）重要江河干流及支流两岸、饮用水水源地保护区；

（三）重要湿地和重要水库周围；

（四）森林和陆生野生动物类型的自然保护区；

（五）荒漠化和水土流失严重地区的防风固沙林基干林带；

（六）沿海防护林基干林带；

（七）未开发利用的原始林地区；

（八）需要划定的其他区域。

公益林划定涉及非国有林地的，应当与权利人签订书面协议，并给予合理补偿。

公益林进行调整的，应当经原划定机关同意，并予以公布。

国家级公益林划定和管理的办法由国务院制定；地方级公益林划定和管理的办法由省、自治区、直辖市人民政府制定。

第四十九条 国家对公益林实施严格保护。

县级以上人民政府林业主管部门应当有计划地组织公益林经营者对公益林中生态功能低下的疏林、残次林等低质低效林，采取林分改造、森林抚育等措施，提高公益林的质量和生态保护功能。

在符合公益林生态区位保护要求和不影响公益林生态功能的前提下，经科学论证，可以合理利用公益林林地资源和森林景观资源，适度开展林下经济、森林旅游等。利用公益林开展上述活动应当严格遵守国家有关规定。

第五十条　国家鼓励发展下列商品林：

（一）以生产木材为主要目的的森林；

（二）以生产果品、油料、饮料、调料、工业原料和药材等林产品为主要目的的森林；

（三）以生产燃料和其他生物质能源为主要目的的森林；

（四）其他以发挥经济效益为主要目的的森林。

在保障生态安全的前提下，国家鼓励建设速生丰产、珍贵树种和大径级用材林，增加林木储备，保障木材供给安全。

第五十一条　商品林由林业经营者依法自主经营。在不破坏生态的前提下，可以采取集约化经营措施，合理利用森林、林木、林地，提高商品林经济效益。

第五十二条　在林地上修筑下列直接为林业生产经营服务的工程设施，符合国家有关部门规定的标准的，由县级以上人民政府林业主管部门批准，不需要办理建设用地审批手续；超出标准需要占用林地的，应当依法办理建设用地审批手续：

（一）培育、生产种子、苗木的设施；

（二）贮存种子、苗木、木材的设施；

（三）集材道、运材道、防火巡护道、森林步道；

（四）林业科研、科普教育设施；

（五）野生动植物保护、护林、林业有害生物防治、森林防火、木材检疫的设施；

（六）供水、供电、供热、供气、通讯基础设施；

（七）其他直接为林业生产服务的工程设施。

第五十三条 国有林业企业事业单位应当编制森林经营方案，明确森林培育和管护的经营措施，报县级以上人民政府林业主管部门批准后实施。重点林区的森林经营方案由国务院林业主管部门批准后实施。

国家支持、引导其他林业经营者编制森林经营方案。

编制森林经营方案的具体办法由国务院林业主管部门制定。

第五十四条 国家严格控制森林年采伐量。省、自治区、直辖市人民政府林业主管部门根据消耗量低于生长量和森林分类经营管理的原则，编制本行政区域的年采伐限额，经征求国务院林业主管部门意见，报本级人民政府批准后公布实施，并报国务院备案。重点林区的年采伐限额，由国务院林业主管部门编制，报国务院批准后公布实施。

第五十五条 采伐森林、林木应当遵守下列规定：

（一）公益林只能进行抚育、更新和低质低效林改造性质的采伐。但是，因科研或者实验、防治林业有害生物、建设护林防火设施、营造生物防火隔离带、遭受自然灾害等需要采伐的除外。

（二）商品林应当根据不同情况，采取不同采伐方式，严格控制皆伐面积，伐育同步规划实施。

（三）自然保护区的林木，禁止采伐。但是，因防治林业有害生物、森林防火、维护主要保护对象生存环境、遭受自然灾害等特殊情况必须采伐的和实验区的竹林除外。

省级以上人民政府林业主管部门应当根据前款规定，按照森林分类经营管理、保护优先、注重效率和效益等原则，制定相应的林木采伐技术规程。

第五十六条 采伐林地上的林木应当申请采伐许

可证，并按照采伐许可证的规定进行采伐；采伐自然保护区以外的竹林，不需要申请采伐许可证，但应当符合林木采伐技术规程。

农村居民采伐自留地和房前屋后个人所有的零星林木，不需要申请采伐许可证。

非林地上的农田防护林、防风固沙林、护路林、护岸护堤林和城镇林木等的更新采伐，由有关主管部门按照有关规定管理。

采挖移植林木按照采伐林木管理。具体办法由国务院林业主管部门制定。

禁止伪造、变造、买卖、租借采伐许可证。

第五十七条 采伐许可证由县级以上人民政府林业主管部门核发。

县级以上人民政府林业主管部门应当采取措施，方便申请人办理采伐许可证。

农村居民采伐自留山和个人承包集体林地上的林木，由县级人民政府林业主管部门或者其委托的乡镇人民政府核发采伐许可证。

第五十八条 申请采伐许可证，应当提交有关采伐的地点、林种、树种、面积、蓄积、方式、更新措施和林木权属等内容的材料。超过省级以上人民政府林业主管部门规定面积或者蓄积量的，还应当提交伐区调查设计材料。

第五十九条 符合林木采伐技术规程的，审核发放采伐许可证的部门应当及时核发采伐许可证。但是，审核发放采伐许可证的部门不得超过年采伐限额发放采伐许可证。

第六十条 有下列情形之一的，不得核发采伐许可证：

（一）采伐封山育林期、封山育林区内的林木；

（二）上年度采伐后未按照规定完成更新造林任务；

（三）上年度发生重大滥伐案件、森林火灾或者林业有害生物灾害，未采取预防和改进措施；

（四）法律法规和国务院林业主管部门规定的禁止采伐的其他情形。

第六十一条 采伐林木的组织和个人应当按照有关规定完成更新造林。更新造林的面积不得少于采伐的面积，更新造林应当达到相关技术规程规定的标准。

第六十二条 国家通过贴息、林权收储担保补助等措施，鼓励和引导金融机构开展涉林抵押贷款、林农信用贷款等符合林业特点的信贷业务，扶持林权收储机构进行市场化收储担保。

第六十三条 国家支持发展森林保险。县级以上人民政府依法对森林保险提供保险费补贴。

第六十四条 林业经营者可以自愿申请森林认证，促进森林经营水平提高和可持续经营。

第六十五条 木材经营加工企业应当建立原料和产品出入库台账。任何单位和个人不得收购、加工、运输明知是盗伐、滥伐等非法来源的林木。

第七章 监督检查

第六十六条 县级以上人民政府林业主管部门依照本法规定，对森林资源的保护、修复、利用、更新等进行监督检查，依法查处破坏森林资源等违法行为。

第六十七条　县级以上人民政府林业主管部门履行森林资源保护监督检查职责，有权采取下列措施：

（一）进入生产经营场所进行现场检查；

（二）查阅、复制有关文件、资料，对可能被转移、销毁、隐匿或者篡改的文件、资料予以封存；

（三）查封、扣押有证据证明来源非法的林木以及从事破坏森林资源活动的工具、设备或者财物；

（四）查封与破坏森林资源活动有关的场所。

省级以上人民政府林业主管部门对森林资源保护发展工作不力、问题突出、群众反映强烈的地区，可以约谈所在地区县级以上地方人民政府及其有关部门主要负责人，要求其采取措施及时整改。约谈整改情况应当向社会公开。

第六十八条　破坏森林资源造成生态环境损害的，县级以上人民政府自然资源主管部门、林业主管部门可以依法向人民法院提起诉讼，对侵权人提出损害赔偿要求。

第六十九条　审计机关按照国家有关规定对国有森林资源资产进行审计监督。

第八章　法律责任

第七十条　县级以上人民政府林业主管部门或者其他有关国家机关未依照本法规定履行职责的，对直接负责的主管人员和其他直接责任人员依法给予处分。

依照本法规定应当作出行政处罚决定而未作出的，上级主管部门有权责令下级主管部门作出行政处罚决定或者直接给予行政处罚。

第七十一条　违反本法规定，侵害森林、林木、林地的所有者或者使用者的合法权益的，依法承担侵权责任。

第七十二条　违反本法规定，国有林业企业事业单位未履行保护培育森林资源义务、未编制森林经营方案或者未按照批准的森林经营方案开展森林经营活动的，由县级以上人民政府林业主管部门责令限期改正，对直接负责的主管人员和其他直接责任人员依法给予处分。

第七十三条 违反本法规定，未经县级以上人民政府林业主管部门审核同意，擅自改变林地用途的，由县级以上人民政府林业主管部门责令限期恢复植被和林业生产条件，可以处恢复植被和林业生产条件所需费用三倍以下的罚款。

虽经县级以上人民政府林业主管部门审核同意，但未办理建设用地审批手续擅自占用林地的，依照《中华人民共和国土地管理法》的有关规定处罚。

在临时使用的林地上修建永久性建筑物，或者临时使用林地期满后一年内未恢复植被或者林业生产条件的，依照本条第一款规定处罚。

第七十四条 违反本法规定，进行开垦、采石、采砂、采土或者其他活动，造成林木毁坏的，由县级以上人民政府林业主管部门责令停止违法行为，限期在原地或者异地补种毁坏株数一倍以上三倍以下的树木，可以处毁坏林木价值五倍以下的罚款；造成林地毁坏的，由县级以上人民政府林业主管部门责令停止违法行为，限期恢复植被和林业生产条件，可以处恢复植被和林业生产条件所需费用三倍以下的罚款。

违反本法规定，在幼林地砍柴、毁苗、放牧造成林木毁坏的，由县级以上人民政府林业主管部门责令停止违法行为，限期在原地或者异地补种毁坏株数一倍以上三倍以下的树木。

向林地排放重金属或者其他有毒有害物质含量超标的污水、污泥，以及可能造成林地污染的清淤底泥、尾矿、矿渣等的，依照《中华人民共和国土壤污染防治法》的有关规定处罚。

第七十五条 违反本法规定，擅自移动或者毁坏森林保护标志的，由县级以上人民政府林业主管部门恢复森林保护标志，所需费用由违法者承担。

第七十六条 盗伐林木的，由县级以上人民政府林业主管部门责令限期在原地或者异地补种盗伐株数一倍以上五倍以下的树木，并处盗伐林木价值五倍以上十倍以下的罚款。

滥伐林木的，由县级以上人民政府林业主管部门责令限期在原地或者异地补种滥伐株数一倍以上三倍以下的树木，可以处滥伐林木价值三倍以上五倍以下的罚款。

第七十七条 违反本法规定，伪造、变造、买卖、租借采伐许可证的，由县级以上人民政府林业主管部门没收证件和违法所得，并处违法所得一倍以上三倍以下的罚款；没有违法所得的，可以处二万元以下的罚款。

第七十八条 违反本法规定，收购、加工、运输明知是盗伐、滥伐等非法来源的林木的，由县级以上人民政府林业主管部门责令停止违法行为，没收违法收购、加工、运输的林木或者变卖所得，可以处违法收购、加工、运输林木价款三倍以下的罚款。

第七十九条 违反本法规定，未完成更新造林任务的，由县级以上人民政府林业主管部门责令限期完成；逾期未完成的，可以处未完成造林任务所需费用二倍以下的罚款；对直接负责的主管人员和其他直接责任人员，依法给予处分。

第八十条 违反本法规定，拒绝、阻碍县级以上人民政府林业主管部门依法实施监督检查的，可以处五万元以下的罚款，情节严重的，可以责令停产停业整顿。

第八十一条 违反本法规定，有下列情形之一的，由县级以上人民政府林业主管部门依法组织代为履行，代为履行所需费用由违法者承担：

（一）拒不恢复植被和林业生产条件，或者恢复植被和林业生产条件不符合国家有关规定；

（二）拒不补种树木，或者补种不符合国家有关规定。

恢复植被和林业生产条件、树木补种的标准，由省级以上人民政府林业主管部门制定。

第八十二条 公安机关按照国家有关规定，可以依法行使本法第七十四条第一款、第七十六条、第七十七条、第七十八条规定的行政处罚权。

违反本法规定，构成违反治安管理行为的，依法给予治安管理处罚；构成犯罪的，依法追究刑事责任。

第九章　附　　则

第八十三条 本法下列用语的含义是：

（一）森林，包括乔木林、竹林和国家特别规定的灌木林。按照用途可以分为防护林、特种用途林、用材林、经济林和能源林。

（二）林木，包括树木和竹子。

（三）林地，是指县级以上人民政府规划确定的用于发展林业的土地。包括郁闭度 0.2 以上的乔木林地以及竹林地、灌木林地、疏林地、采伐迹地、火烧迹地、未成林造林地、苗圃地等。

第八十四条 本法自 2020 年 7 月 1 日起施行。

关于《中华人民共和国森林法（修订草案）》的说明

——2019年6月25日在第十三届全国人民代表大会常务委员会第十一次会议上

全国人大农业与农村委员会副主任委员　王宪魁

委员长、各位副委员长、秘书长、各位委员：

我受全国人大农业与农村委员会委托，就《中华人民共和国森林法（修订草案）》的有关问题作说明。

一、修改森林法的必要性

现行森林法于1984年经第六届全国人民代表大会常务委员会第七次会议审议通过，并于1998年进行了修正。森林法的颁布实施，对于保护和合理利用森林资源、加快国土绿化、促进林业发展，发挥了十分重要的作用。党的十八大以来，以习近平同志为核心的党中央把生态文明建设作为统筹推进“五位一体”总体布局和协调推进“四个全面”战略布局的重要内容，高度重视林业建设，强调森林是陆地生态系统的主体和重要资源，是人类生存发展的重要生态屏障；林业建设是事关经济社会可持续发展的根本性问题，林业要为建设生态文明和美丽中国创造更好的生态条件。贯彻习近平生态文明思想，是林业改革发展的指导方针和根本遵循。

当前，林业面临的形势、任务和功能定位已发生根本性变化，迫切需要对现行森林法作出相应的修改完善，为林业改革发展提供法治保障。

一是推进构建现代林业治理体系。建设现代林业，应当调动各类经营主体的积极性，保护其合法权益，加强产权保护，改变重审批轻监管的行政管理方式，取消带有计划经济色彩的管理制度，对不同类型的森林采取差异化管理措施，建立健全适应森林生态功能要求不断强化的现代林业经营体制机制。

二是促进林业转型和可持续发展。近年来，国有林场和国有林区改革全面展开，集体林权制度改革逐步深化，2016 年全面停止天然林商业性采伐等措施不断推进，林业发展已经由生产木材为主向生态建设为主转变，由主要提供物质产品向主要为全社会提供优质生态产品、满足经济社会生态文化等多元需求转变。适应森林功能定位发生的根本变化，将经实践检验行之有效的改革措施及时转化为法律规范，可以进一步保障和引领林业的可持续发展。

三是加快推进国土绿化和提高森林质量。经过不懈努力，我国森林资源保护和生态修复取得了显著成就，但总体上仍然存在缺林少绿、森林质量不高等问题。应当更加科学地强化政府森林资源保护责任，有效调动全社会力量推进国土绿化，保障森林资源数量和质量稳步提高。

二、修改森林法的过程、指导思想和主要原则

修改森林法是十三届全国人大常委会立法规划确定的项目，由全国人大农业与农村委员会牵头起草。农业与农村委员会高度重视，组织有关单位成立森林法修改起草领导小组和工作小组。在修改过程中，开展深入调查研究，认真听取人大代表、基层干部、林农和国有、非公有制林业企业等各方面意见，先后多次征求 31 个省（自治区、直辖市）人大农委和中央、国务院有关部门及科研院校的意见。在反复研究论证的基础上，形成了森林法（修订草案）（以下简称草案）。修改森林法的指导思想：全面贯彻落实党的十九大和十九届二中、三中全会精神，以习近平新时代中国特色社会主义思想为指导，认真贯彻落实习近平生态文明思想，践行绿水青山就是金山银山的理念，坚持人与自然和谐共生，以立法规范和促进森林资源可持续利用和发展，维护森林生态安全，推动森林生态文明建设和现代林业发展。修改森林法遵循的原则：一是坚持生态优先，生态效益、经济效益和社会效益相统一；二是坚持保护优先，实现森林资源可持续利用和发展；三是坚持发挥市场配置资源的决定性作用与政府必要的宏观调控相结合，实行森林分类经营管理；四是坚持尊重自然规律和经济规律，保护好各类林业经营主体的合法权益。

三、修改森林法的主要内容

（一）关于森林权属

明确森林权属、加强森林权属保护，是本次法律修改的重点。根据森林生态建设和集体林权改革的实践经验，草案增加“森林权属”一章，针对我国森林权属的实际，即林地包括国家、集体所有，林木包括国家、集体、个人所有等情况，区分主体分别规定，做到“山定权、树定根、人定心、政府定责”。

一是明确国务院代表国家行使国有森林资源所有权，国务院可以授权有关部门行使或者由有关部门委托省、自治区、直辖市人民政府代理行使所有者职责。根据国有林改革和经营管理的情况，草案规定，国家所有的森林、林木和林地可以依法确定给多种所有制的林业经营主体使用；林业经营主体依法取得的国有森林、林木和林地的使用权，经批准可以转让、出租、作价出资等，并明确具体办法由国务院制定。

二是明确集体所有和国家所有由农民集体使用的林地依法实行承包经营，承包方享有林地承包经营权和承包林地上的林木所有权，合同另有约定的从其约定，承包方可以自主决定依法采取出租（转包）、入股、抵押、转让等方式流转林地经营权、林木所有权和使用权。同时，草案还明确未承包的集体林地以及林地上的林木，由农村集体经济组织统一经营；集体经济组织统一经营的林地、林木，经民主程序可以依法流转林地经营权、林木所有权和使用权。

三是明确国家鼓励、支持和引导多种所有制的林业经营主体在依法取得的国有或者集体林地上发展多种形式的林业产业，保护非公有制林业经营主体享有的林地经营权和林木所有权等合法权益。

（二）关于森林分类经营

分类经营是本次法律修改的关注点。为充分发挥森林多种功能，满足全社会的多元需求，既要考虑生态效益和林业发展，又要考虑林农权益和林区稳定。根据森林生态区位和主导功能的不同，实践中将森林分为公益林和商品林，采取差异化的政策管理措施。此次法律修改将这一成熟可行的实践经验上升为法律规范，同时减少重叠交叉概念。

关于公益林。草案规定，生态区位重要或者生态状况脆弱，以发挥生态效益为主要目的的森林划定为公益林，实施严格保护；江河源头汇水区域、重要江河干流及支流两岸等八类区域，应当划定为公益林；公益林由国务院或者省、自治区、直辖市人民政府划定并公布。公益林实行严格保护，只能进行抚育和更新性质的采伐。公益林经营可以合理利用林地资源和森林景观资源，但是应当符合生态区位保护要求，不得破坏公益林生态功能。

针对公益林的生态功能属性，总结自 2001 年以来中央、地方实行森林生态效益补偿的经验，草案规定，国家建立森林生态效益补偿制度，中央和地方分别安排资金，主要用于公益林的经济补偿、管护支出和非国有公益林的租赁、赎买、置换，实行专款专用，不得截留挪用。

关于商品林。草案规定，未划定为公益林的森林属于商品林，主要发挥经济效益。国家鼓励发展商品林，商品林由林业经营主体依法自主经营，在不破坏生态的前提下，可以采取集约化经营措施，充分发挥林地生产经营潜力，实现商品林经营的最优价值。商品林也要兼顾生态效益，草案规定，采伐商品林应当依法办理采伐许可证，符合技术规程，控制皆伐面积，伐育同步规划实施。

（三）关于林木采伐

森林采伐限额和采伐许可制度是现行森林法规定的伐育调节的主要制度，对保护和发展森林资源发挥了重要作用。随着森林经营理念和管理方式的转变，是否保留采伐限额和采伐许可制度存在两种不同的意见。林木采伐是放活还是管死，是这次法律修改的焦点。有的认为，个人承包林、非公有林应全放开，有利于调动造林积极性。有的认为，林木是具有生态价值的活物，即使个人所有，也不可违背自然规律，一次皆伐。经过反复研究、广泛听取意见，普遍认为采伐限额和采伐许可制度是保护森林资源的宏观调控手段，目前完全放开林木采伐，存在采伐失控、森林资源破坏的风险。因此，草案按照“放管服”改革精神，完善了森林采伐限额和采伐许可证制度，适当下放审批权，缩小许可范围，既坚持森林资源的有效管理，又有利于充分保护个人和非公有制林业经营主体的合法权益。

一是下放采伐限额审批权。现行法律规定，采伐限额由省级人民政府审核后，报国务院批准。草案修改为采伐限额由省级人民政府批准，报国务院备案后实施。将审批权下放，有利于地方结合本地实际科学编制采伐限额，也有利于压实地方责任。

二是缩小采伐许可证核发范围。现行法律规定，采伐林木必须申请采伐许可证。草案将采伐许可证核发范围缩小到在林地上的林木采伐。对非林地上的农田防护林等防风固沙林、护路林、护岸护堤林和城镇林木的采伐，由有关主管部门依照国家有关规定管理。

三是强化森林经营方案的地位和作用。草案规定，国有林业企业事业单位应当编制森林经营方案，国家通过林业项目等措施支持引导其他林业经营主体编制森林经营方案。明确森林经营方案可以作为编制采伐限额和发放采伐许可证的依据，为今后改革采伐制度创造了条件。

此外，草案还删除了木材生产计划、木材运输证等带有计划经济色彩的内容。

（四）关于林地保护和林业发展质量提高林地是森林资源的载体，是林业最重要的生产要素。为了加强林地保护，草案明确林地的概念，设定占用林地总量控制制度，规定各类建设项目占用林地不得超过本行政区域内的总量控制指标，确保林地面积不减少。草案还完善了占用林地审核审批制度，并将森林法实施条例中规定的临时使用林地制度上升为法律。

进一步提高森林质量是当前和今后林业发展的着力点，草案规定县级以上人民政府应当合理规划森林资源保护利用结构和布局，制定森林资源保护发展目标，提高森林覆盖率、森林质量、森林蓄积量，确保林地保有量不减少。

此外，草案针对林业发展的地区差异性和特点做出相关的原则性规定，为各地根据本地区特点进一步作出规定留出空间。

（五）关于监督检查

加强森林资源保护发展，重要的是明确责任，强化监督。草案规定，国家实行地方人民政府森林资源保护发展目标责任制和考核评价制度。草案新增“监督检查”一章，规范森林资源保护发展考评价制度。草案新增“监督检查”一章，规范森林资源保护发展考核评价制度，强化森林资源保护的监督检查措施，明确有关生态环境损害赔偿的公益诉讼等内容。此外，草案还就森林的权属争议解决、资源调查监测、科学防火和林业有害生物防治、基础设施建设，以及法律责任等内容的有关条款和文字作了修改完善。

《中华人民共和国森林法（修订草案）》及以上说明是否妥当，请审议。

中华人民共和国森林法

ZHONGHUA RENMIN GONGHEGUO SENLINFA

经销/新华书店
印刷/保定市中画美凯印刷有限公司
开本/850 毫米×1168 毫米　32 开　　　印张/1.5　字数/16 千
版次/2019 年 12 月第 1 版　　　2025 年 2 月第 9 次印刷

中国法制出版社出版
书号 ISBN 978-7-5216-0781-9　　　定价：6.00 元

北京市西城区西便门西里甲 16 号西便门办公区
邮政编码：100053　　　传真：010-63141600
网址：http：//www.zgfzs.com　　　编辑部电话：010-63141673
市场营销部电话：010-63141612　　　印务部电话：010-63141606

（如有印装质量问题，请与本社印务部联系。）